A la caza de TORNADOS

por Enrique Rodríguez

MODERN CURRICULUM PRESS

Pearson Learning Group

Créditos

Ilustraciones: 10, 11, 14–15, 18, 19, 31, 32, 39, 42: Carlyn Iverson.

Fotos: Todas las fotos © Pearson Learning a menos que se indique lo contrario. Portada y contraportada de A. & J. Verkaik/The Stock Market. Hoja titular: Chris Johns/Tony Stone Images. 5: Randy Wells/Tony Stone Images. 6: t. ©Arvil A. Daniels/Photo Researchers, Inc.; b. ©H. Bluestein/Photo Researchers, Inc. 7: E.R. Degginger/Color-Pic, Inc. 8–9: ©H. Bluestein/Photo Researchers, Inc. 12: t. Timothy Marshall; b. Warren Faidley/International Stock. 13: t.. Timothy Marshall/Liaison International; m. Warren Faidley/International Stock; b. Timothy Marshall. 16: Warren Faidley/International Stock. 20–21: Brown Brothers. 22: Loew's Inc./Brown Brothers. 23: David James/Warner Bros./Universal/The Kobal Collection. 24: Chris Johns/Tony Stone Images. 25: Chris Johns/Tony Stone Images. 26: t. ; b. Timothy Marshall. 27: t. ; m. ; b. Timothy Marshall. 28: Peter Rauter/Tony Stone Images. 29: t. Charles Edwards/Cloud 9 Tours; b.0 PhotoDisc, Inc. 30: Peter Tenzer/International Stock. 33: ©David R. Frazier/Photo Researchers, Inc. 34: ©David R. Hardy/Science Photo Library/Photo Researchers, Inc. 35: David Young-Wolff/PhotoEdit. 36–37: U.S. Gov't Commerce Nat'l Severe Storms Laboratory/NGS Image Sales. 37: Gary A. Conner/PhotoEdit. 38: Annie Griffiths Belt/Corbis. 40: Bill Kreykenbohm/Virtual Images. 41: Teresa Hurteau/AP/Wide World Photos. 43: Reuters/Pete Silva/Archive Photos. 44: Pierre DuCharme/Ledger/Silver Image Photo Agency. 45: Reuters/John Kuntz/Archive Photos. 46: Bob Daemmrich. 47: Bob Daemmrich.

Diseño de portada y diagramación de Liz Kril

ISBN 0-7652-3888-8

Printed in the United States of America

3 4 5 6 7 8 9 10   09 08

Modern
Curriculum
Press

Pearson Learning Group

1-800-321-3106
www.pearsonlearning.com

Contenido

A Jane: una amiga contra tiempo y marea

Capítulo 1

Los tornados causan problemas

El día comienza en calma y sin lluvia en los llanos de Kansas. Por la tarde el viento comienza a soplar. Trae aire húmedo desde el sur.

Lejos, se forma una nube oscura en el cielo. A medida que la oscura nube se aproxima, se hace más alta y negra. El viento sopla con mayor fuerza. Los relámpagos iluminan el cielo y retumban los truenos. ¡Se acerca una tormenta!

Bolas de granizo al lado de una pelota de béisbol y otra de golf ▶

Ahora el cielo se torna gris oscuro, verde y morado. La lluvia comienza a caer. Pronto se convierte en granizo. Las duras bolas de hielo caen sobre el suelo y rebotan.

El viento toma más fuerza. Comienza a girar en círculo. Produce el ruido de un tren que se acerca.

El viento se arremolina formando una nube en forma de embudo llamada chimenea. La chimenea se parece a una soga según se aproxima a la tierra.

Cuando la chimenea toca tierra, el viento empieza a empujarla. Se mueve hacia adelante y hacia atrás. Ahora comienza a avanzar en zigzag. La chimenea tropieza con un árbol y lo arranca de raíz. Las hojas salen volando por el aire impulsadas por el viento.

Ha nacido un tornado.

Tornado intenso ▶

Tornado en el mar ▶

Los tornados son unas de las tormentas más violentas del planeta. También se conocen como mangas de viento, rabos de nube, ciclones o huracanes, según sus características y tamaño.

Cada tornado es diferente. La chimenea puede ser roja, negra, gris, blanca o hasta transparente. El color depende de la tierra, escombros o agua que recoja el tornado en su camino.

Casi siempre se forma un solo tornado de una nube. Pero a veces se forma más de uno.

Cuando los tornados tocan tierra, algunos se quedan en el sitio. Otros se mueven a 70 millas por hora.

Los tornados pueden ser estrechos o de hasta casi dos millas de ancho. Pueden durar unos pocos minutos o pueden durar horas.

¿Cómo empiezan estas tormentas extrañas?

¿Lo sabías?

Muchos llaman ciclones a los tornados. *Ciclón* viene de una palabra griega que quiere decir "circular" o "arremolinar". Se usa también al hablar de huracanes o tifones.

Capítulo

 La vida de un tornado

Los tornados se originan cuando hay aire caliente y húmedo. Cuando el aire caliente hace contacto con el aire frío, el aire frío empuja el aire caliente hacia arriba. Se forman nubes altas. Entonces el aire seco sopla desde otra dirección y empuja el aire húmedo. El viento comienza a girar o a dar vueltas en remolino.

A medida que el viento toma fuerza, sopla hacia arriba y hacia abajo, así como alrededor. Se forma una columna de aire llamada chimenea cuyo centro es el vórtice. A medida que el vórtice gira más rápido, se amplía y alarga. Finalmente esta columna toma la forma de embudo y desciende en dirección al suelo.

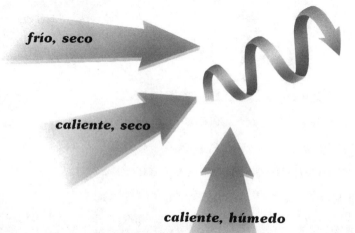

frío, seco

caliente, seco

caliente, húmedo

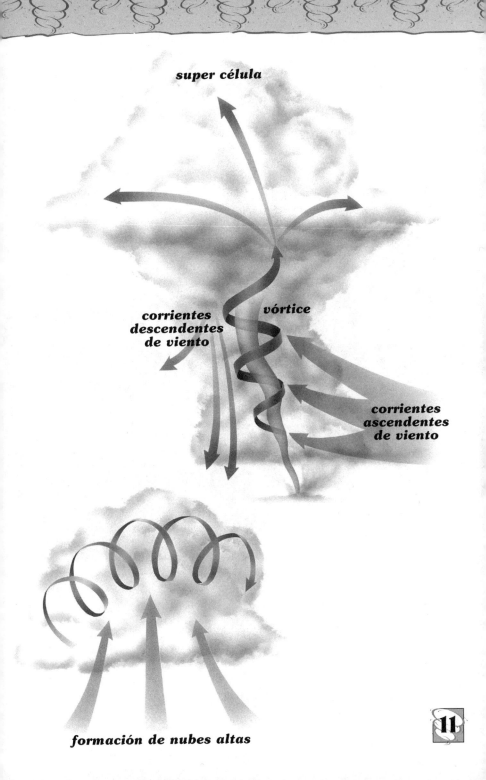

super célula

corrientes
descendentes
de viento

vórtice

corrientes
ascendentes
de viento

formación de nubes altas

Los tornados se desarrollan en etapas. Al principio no se puede ver la columna en forma de embudo o chimenea. Pero tan pronto como toca tierra, comienza a arremolinarse el polvo. Esta es la primera etapa del tornado.

Primera etapa

Segunda etapa

La segunda etapa, llamada organizativa, comienza cuando aparece la columna en forma de embudo o chimenea. A partir de entonces el tornado comienza a crecer. El viento lo mueve.

En la tercera etapa, la de madurez, el tornado está en su mayor intensidad. Los vientos pueden soplar a más de 250 millas por hora. El tornado es como una batidora enorme según se mueve. Todo lo que se atraviese en su camino vuela por el aire o se derrumba.

Tercera etapa

La cuarta etapa se llama reducción. La columna en forma de embudo o chimenea se hace más pequeña. Es posible que se derrumbe sobre un costado.

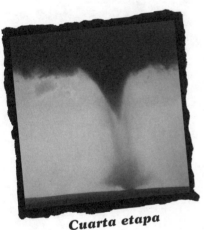

Cuarta etapa

Finalmente, el vórtice se estrecha cada vez más. El tornado deja de tocar la tierra y los vientos pierden fuerza. Esta es la quinta etapa, la etapa de la disipación.

Quinta etapa

Hay hasta 1,000 tornados al año en Estados Unidos. La mayoría en los llanos en una zona llamada el "Corredor de los tornados". Se trata de una franja que se extiende desde Texas, Oklahoma, Kansas, Nebraska, Luisiana, Arkansas, Missouri, Iowa, Dakota del Norte y del Sur y Minnesota hasta Canadá.

Dak del N

Dak del

Nebr

K

Tex

El Corredor de los tornados se halla en el centro de Estados Unidos.

Sin embargo, los tornados pueden ocurrir en cualquier parte. En Mississippi, Alabama, Georgia, Carolina del Sur y en la Florida son comunes. Hasta en Maine, Nueva York y Massachusetts se han formado tornados.

Algunos tornados son más fuertes que otros. Los científicos pueden medir la fuerza de un tornado con la Escala de Fujita-Pearson. Esta escala presenta una lista que compara la velocidad de un tornado con el daño que puede ocurrir a esa velocidad. La escala comienza en F0, que sería el tornado más débil. Llega hasta F5, el tornado más intenso que se ha conocido.

Escombros causados por un tornado ▼

- **Tornado F0** (vientos entre 40 y 72 millas por hora) es muy débil. Puede quebrar las ramas de los árboles.

- **Tornado F1** (entre 73 y 112 millas por hora) es débil. Puede empujar los autos fuera de la carretera o arrancar los techos de las casas.

- **Tornado F2** (entre 113 y 157 millas por hora) es fuerte. Puede arrancar un árbol grande de raíz y hasta hacer volar edificios por los aires.

- **Tornado F3** (entre 158 y 206 millas por hora) es intenso. Puede levantar autos y volcarlos.

- **Tornado F4** (entre 207 y 260 millas por hora) es devastador. Puede arrancar de sus cimientos casas y hacer volar autos.

- **Tornado F5** (entre 261 y 318 millas por hora) es de los peores tornados en la historia. Puede arrancar casas de sus cimiento y hacer volar autos con mayor violencia que un F4.

¿Lo sabías?

La temporada de tornados es usualmente en la primavera y el comienzo del verano. Es la época del año en que hay cambios en el tiempo, del frío del invierno a la primavera más calurosa.

Capítulo

3

Increíble pero cierto

Debido a la manera en que se mueven los tornados, éstos hacen cosas extrañas. Es posible que se destruya solamente una casa de entre todas las casas en una manzana. Puede que arranque todos los árboles en un bosque menos uno que sigue en pie.

Con el paso de los años se han reunido muchos relatos de lo que han hecho los tornados. He aquí algunos de ellos.

Un tornado se llevó una lámpara encendida de querosén de un granero destruido. La lámpara fue encontrada a un tercio de milla de distancia. Todavía estaba encendida.

En una ocasión un tornado trasladó un par de pantalones 39 millas. Los pantalones fueron hallados con $95 en uno de sus bolsillos.

Un tornado F2 reciente en Iowa se llevó la casa de un perro. Fue encontrada invertida a varias cuadras de distancia. El perro seguía adentro. Mareado pero sin lesiones.

El tornado que pasó Great Bend, Kansas, en 1915, se llevó cinco caballos de un establo. Fueron hallados en perfectas condiciones a un cuarto de milla de allí, todavía amarrados a sus postes.

En las afueras de Great Bend, el mismo tornado arrancó sin mucho ruido el techo de una casa. La familia ni cuenta se dio de lo que había ocurrido. Salieron a ver lo que le había pasado a la casa de un vecino. Fue entonces que vieron que se habían quedado sin techo.

En 1915 un tornado se llevó volando varios objetos ligeros. Los dejó caer cientos de millas más lejos. En un tramo de 80 millas los campesinos hallaron fotos, dinero, ropa, tejas de techos y hojas de libros. Un cheque de banco fue hallado en un maizal a unas 305 millas del lugar.

En 1931, un agricultor de Minnesota vió desde la puerta de su granero cómo un tornado arrancaba un tren de sus rieles. A continuación, ¡El tornado se llevó su propio granero! El agricultor salió sin daño.

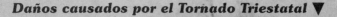

El peor y más rápido de los tornados ocurridos en Estados Unidos se conoce como el "Tornado Triestatal". Pasó por Illinois, Indiana y Missouri el 18 de marzo de 1925.

La mayor parte de los tornados dura sólo unos minutos. El Tornado Triestatal duró casi cuatro horas. Se trasladó en línea recta por 219 millas de tierra. Dejó graneros destruidos y campos destrozados. Diez poblaciones fueron dañadas.

El mayor número de tornados ocurridos en una ocasión tuvo lugar durante dos días en abril de 1974. En esa fecha, hubo 148 tornados en 13 estados.

Un tornado arrastra a Dorothy en la película "El mago de Oz" a donde conoce al Espantapájaros.

Algunas de las cosas más extrañas que han hecho los tornados han ocurrido solamente en libros y películas. Todo el mundo sabe que estas historietas no son verdaderas. Pero son divertidas de leer y ver.

Uno de esos tornados ocurre en la película *El mago de Oz*. Tanto en la película de 1939 como en el libro del mismo nombre, una muchacha llamada Dorothy tiene un sueño. Un ciclón se lleva su casa. Ella y su perrito Toto son trasladados, con casa y todo, a un lugar mágico llamado Oz.

Dorothy ve muchas cosas extrañas a medida que el tornado la lleva de un lado a otro. ¡Vacas le pasan volando por la ventana! ¡Hasta un hombre en una bañera vuela por los aires!

En la película *Twister (Tornado)* de 1996, unos científicos persiguen tornados en Oklahoma. Llevan consigo una máquina especial que han llamado Dorothy. La máquina toma su nombre del personaje de *El mago de Oz*. Desean colocar esta máquina en la trayectoria de un tornado. Si el tornado se lleva la máquina, ésta podrá registrar datos científicos acerca del tornado. Los científicos esperan utilizar los datos que obtenga esta máquina para poder pronosticar cuándo vendrá un tornado. Si la gente tiene tiempo para refugiarse en un lugar seguro, muchas vidas se pueden salvar.

Después de varios intentos, los científicos ponen la máquina en la trayectoria que tomará un tornado F5. El poderoso ciclón eleva la máquina por el aire. Casi se lleva a los científicos también.

Escena de la película "Tornado" de 1996

23

Los científicos intentan levantar un equipo pesado

El tornado en la película *Tornado* no era real. Fue creado en una computadora. Sin embargo, los científicos de la película se basan en cazadores de tormentas de la vida real.

¿Lo sabías?

El científico Charles Edwards desarrolló una máquina con dos cámaras para poder filmar un tornado. Con otros instrumentos que llevaba se podían medir la velocidad del viento, la temperatura y la presión del aire. A esta máquina la llamó "Dillo-Cam" porque tiene la apariencia de un armadillo. En 1997 se pudo colocar una Dillo-Cam en la trayectoria de un tornado.

Capítulo

Cazadores de tormentas

Perseguir un tornado no es fácil. La mayor parte de los tornados sólo pasan unos minutos en tierra. Muchos tornados ocurren durante la noche. Así que encontrar uno cuesta trabajo.

Algunas de las personas que se dedican a cazar tormentas son científicos. Muchos de ellos son radioaficionados. A otros les gusta observar tornados. Estos cazadores toman muchos riesgos para rastrear tormentas y para conocer más sobre los tornados. También avisan a la población de que se acerca un tornado.

Cazadores de tormentas

La seguridad es importante porque los tornados son muy peligrosos. La Agencia Nacional de Meteorología tiene programas de entrenamiento para cazadores de tormentas.

Al finalizar el entrenamiento, los cazadores de tormentas trabajan en equipo. Comparten sus ideas y conocimientos. Entre todos buscan maneras de estar seguros mientras persiguen una tormenta a pie o en auto.

El día de un cazador comienza oyendo una estación especial de pronósticos del tiempo. Tiene que saber en dónde podrán haber tormentas.

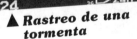

▲ **Rastreo de una tormenta**

▲ **Camioneta de cazadores de tormentas**

En grupos salen tras las tormentas. El conductor se ocupa de manejar con seguridad. Otros miran las pantallas de sus computadoras. Los demás escuchan los reportes meteorológicos por la radio.

▲ **Dentro de la camioneta de cazadores de tormentas**

Los cazadores pueden pasarse horas siguiendo las nubes en el cielo. Puede que viajen cientos de millas. Al finalizar el día, es posible que no hayan visto ningún tornado. Es posible que tampoco hayan visto tormenta alguna.

Cazadores a la espera de tormentas ▼

▲ **Equipo especial del conductor**

27

Además de los tornados, los cazadores enfrentan otros peligros. Puede que tengan que manejar en medio de tempestades de lluvia y granizo. Tienen que cuidarse de los rayos durante una tormenta.

Cuando ven un tornado, los cazadores deben mantenerse a distancia. Los vientos veloces pueden fácilmente volcar la camioneta. También pueden lanzar objetos pesados contra vehículos en la carretera.

Un tornado puede cambiar de dirección sin aviso. Un grupo de cazadores reportó que un tornado ¡dio media vuelta y pasó entre dos de sus vehículos en la carretera!

Cerca de los tornados es como los cazadores aprenden sobre estas tormentas. Lo que averiguan lo informan a las autoridades locales y a la Agencia Nacional de Meteorología. Los tornados pueden formarse y avanzar con gran rapidez. Cuanto más se sepa de ellos, más seguro se estará.

Anuncio en la Internet de un grupo de cazadores de tormentas

¿Lo sabías?

Los adultos que quieren enfrentar un tornado pueden llamar a compañías que se dedican a organizar viajes de cacería de tormentas. Hay que pagar, pero las compañías no pueden prometer que los clientes verán un tornado durante el viaje.

Capítulo

Rastreo del mal tiempo

Los científicos que estudian las condiciones del tiempo también se ocupan de las tormentas que puedan convertirse en tornados. Ellos reciben el nombre de meteorólogos.

El tiempo, o clima, se forma en la atmósfera, que es la capa de gases que rodea a la Tierra. Los meteorólogos estudian la atmósfera. Miden la temperatura para saber lo frío o caliente que está el aire. También quieren saber lo húmedo o seco que está el aire.

Observan la velocidad del aire también. La presión atmosférica es importante pues quiere decir la fuerza del aire sobre la Tierra. Ellos observan los cambios del tiempo. Con esos datos predicen lo que pueda ocurrir próximamente.

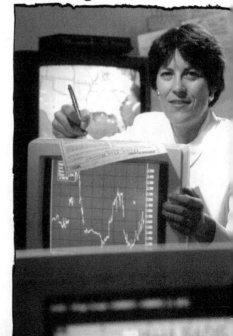

Meteoróloga

La atmósfera alrededor de la Tierra

31

Algunos meteorólogos trabajan en la Agencia Nacional de Meteorología o en el Centro Nacional de Pronóstico de Tormentas. Recogen datos de tempestades de cientos de estaciones meteorológicas en Estados Unidos. Cada estación tiene equipos especiales para hallar y rastrear tormentas.

Algunos de estos equipos especiales miden diferentes partes del clima.

- Los barómetros miden la presión atmosférica. Alertan a los científicos sobre los cambios atmosféricos que pudieran producir tormentas.

- Los termómetros miden la temperatura del aire.

- Las veletas muestran en qué dirección está soplando el viento: norte, sur, este u oeste, y de dónde proviene el cambio del tiempo.

Las tormentas también se rastrean desde el cielo. Se envían globos meteorológicos especiales. Suben cientos de pies para registrar información sobre la temperatura, la humedad en el aire y la presión atmosférica. Con esta información se puede pronosticar dónde podría comenzar un tornado.

◄ *Científico suelta un globo meteorológico*

33

Los satélites meteorológicos vuelan en órbitas altas en el cielo. Toman fotos de la atmósfera debajo. Muestran dónde se hallan las nubes más densas. Es ahí donde se pueden desarrollar los tornados.

Otro instrumento, llamado el radar de Doppler, reúne información acerca de la velocidad y dirección del viento. El radar de Doppler también muestra dónde está lloviendo y con qué rapidez se mueve la lluvia. Esto ayuda a los científicos a predecir el rumbo que pueda tomar una tormenta.

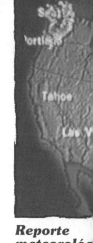

Reporte meteorológ... usando rad...

Satélite meteorológico ▶

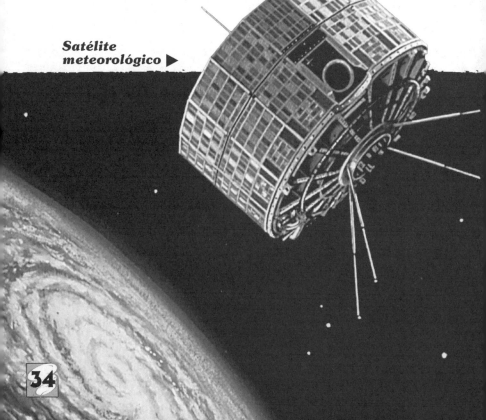

Los datos enviados por las estaciones meteorológicas, los satélites, el radar, los globos y otros equipos se transmiten a computadoras. Es entonces que los meteorólogos pueden ver cuáles son las condiciones del tiempo en el mundo entero.

La gente se entera de las condiciones del tiempo oyendo reportes meteorológicos por la radio o viendo la televisión. Con estos informes pueden planear su día. Más importante aún, pueden enterarse de que viene una tormenta peligrosa.

¿Lo sabías?

Los cazadores de tormentas han utilizado equipos pequeños llamados Radares de Doppler Portátiles para localizar y medir los vientos de un tornado. Estos radares se colocan en camiones para que puedan seguir el paso de un tornado.

Capítulo 6

Estar preparado

Aunque se observen cuidadosamente las tormentas, los patrones del viento siempre están cambiando. Una tormenta se puede convertir en tornado en cuestión de instantes. Esto hace que sea difícil avisar a la población. Es por esto que la gente debe estar siempre lista.

Escuchar los reportes meteorológicos es la mejor manera de estar al tanto del mal tiempo. Un aviso de tornado quiere decir que se pudiera formar uno. Una advertencia de tornado quiere decir que ha sido visto uno por radar o por un cazador.

Mirar por las ventanas y escuchar el viento es muy buena idea. Los tornados se pueden esconder tras las nubes de lluvia o de tormenta que los acompañan. Por eso hay que estar pendiente de cielos muy oscuros o de colores extraños, así como de granizo, ruidos trepidantes o de una nube enorme parecida a una pared. Son señales de que es hora de buscar refugio.

Una familia atenta a noticias de tormenta por televisión

37

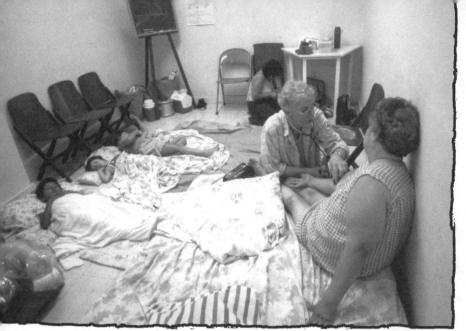

Refugio de la Cruz Roja

La Cruz Roja de Estados Unidos es una organización que brinda ayuda a los damnificados por un desastre natural. La Cruz Roja recomienda que cada familia tenga un plan de emergencia en caso de tornado.

Primeramente, se debe tener escogido un refugio seguro. Si se vive en una casa rodante, se debe abandonar e ir a un edificio resistente o a un refugio. En una casa, lo mejor es ir al sótano. El segundo mejor lugar es en un pasillo, baño o clóset en el medio del piso más bajo de la casa. Todos deben alejarse de las ventanas porque pueden romperse.

La Cruz Roja también recomienda que se tengan estos artículos en el refugio.

Provisiones de emergencia

- Botiquín de primeros auxilios
- Radio de pilas NOAA para escuchar los reportes meteorológicos
- Linterna de pilas con pilas adicionales
- Alimentos enlatados y abridor de latas manual
- Agua embotellada (por lo menos un galón por persona al día, por tres días)
- Zapatos fuertes y guantes de trabajo
- Una nota que indique cómo desconectar el agua, gas y electricidad de la casa
- Una muda adicional de ropa para cada persona
- Una colcha o bolsa de dormir por persona
- Artículos especiales que puedan necesitar ancianos o niños
- Suministros adicionales de medicinas

Hay sitios donde los tornados son parte de la vida cotidiana. Hunstville, Alabama, es uno de estos lugares. Han habido tornados desastrosos en Hunstville en 1974, 1989 y 1995. Cuando los vientos de hasta 300 millas por hora acabaron con las carreteras, cada cual buscó refugio lo mejor que pudo. Una familia se protegió en un baño. La casa quedó destruida, pero la familia estuvo a salvo.

Pasada la última tormenta, la población que se quedó en Huntsville decidió que había que estar listo para el próximo tornado. Así que reconstruyeron la ciudad teniendo en mente el regreso de un tornado.

Huntsville, en Alabama, luego de un tornado

Entrenamiento de emergencia en caso de tornado en una escuela

Casi todas las escuelas, hospitales y negocios hicieron un plan en caso de tornado. Se construyó un sistema de alarma al aire libre con cincuenta sirenas. Cuando suenan las sirenas todo el mundo las puede oír.

Una escuela primaria que fue destruida en 1989 fue reconstruida para que los niños tuvieran un sitio seguro donde estudiar. Parte del primer piso es bajo tierra. No hay ventanas en los pasillos ni en los salones de clase. Cada habitación es un refugio contra tormentas. La escuela practica entrenamientos de emergencia para que los niños y sus maestros sepan lo que tienen que hacer en caso de tornado.

Muchas familias en Huntsville han construido refugios de concreto en el sótano de sus casas. En el refugio guardan comida, agua y otras cosas que pudieran necesitar en caso de tormenta.

Refugio de concreto en el sótano

Un estacionamiento para casas rodantes en las afueras de la ciudad construyó un enorme refugio bajo tierra donde caben 1,000 personas.

¿Lo sabías?

Si se está al aire libre o en un auto cuando se aproxima un tornado, se debe buscar un sitio pegado a la tierra. Una zanja es ideal. Se debe permanecer acostado dentro de la zanja y probablemente el tornado pasará por encima sin causar daños.

Capítulo 7

Después de un tornado

Un tornado puede causar muchos daños. Puede destruir casas y negocios. Puede que falte la electricidad y no haya servicio telefónico por varios días. Después del tornado empieza el trabajo de limpieza y reconstrucción.

Daños causados por un tornado

**Perro socorrista en busca
de sobrevivientes**

Después del tornado, salen los socorristas a
buscar personas desaparecidas. A veces usan
perros capaces de oler personas que se hallan
debajo de los escombros de edificios derrumbados.
Después de un tornado que pasó por la Florida
en 1998, los perros socorristas hallaron muchas
personas escondidas en los bosques y en
las malezas.

La Cruz Roja da ayuda de emergencia a zonas dañadas por tornados. Prepara refugios donde las familias puedan dormir. Ofrece comida y ropa.

Los vecinos y los dueños de negocios también se ayudan unos a otros. Ayudan a las familias a buscar sus pertenencias. Prestan equipos para empezar a limpiar de escombros la ciudad.

Los vecinos se ayudan unos a otros

45

Jarrel, en Texas, después de un tornado ▲

Los gobiernos estatales y el federal también dan dinero para ayudar a las zonas más dañadas por tornados. Con este dinero los gobiernos locales pueden reparar o construir de nuevo calles, escuelas y hospitales. También se ofrece dinero a las familias para que reconstruyan sus casas.

En muchas comunidades dañadas por tornados se comienza la reconstrucción de inmediato. Saben que hay que seguir viviendo después de un tornado. Puede que les tome varios meses, o hasta años repararlo todo. Pero no permitirán que un tornado les haga abandonar sus casas.

Con el tiempo, todo regresa a la normalidad.

Jarrel, en Texas, un año después de la reconstrucción ▲

A medida que los científicos aprenden más sobre los tornados, con la ayuda de los cazadores de tormentas, se espera que podrán predecir cuándo y dónde ocurrirá un tornado. De esta manera la gente podrá preparar mejor a sus familias y propiedades ante un posible tornado.

¿Lo sabías?

Antes de 1965, sólo se habían filmado dos tornados. Hoy en día, las cámaras de vídeo pueden captar tornados según se desarrollan. Los científicos también se valen de películas de vídeo para aprender más acerca de cómo los tornados se mueven y actúan.

Glosario

atmósfera capa de gases que rodea a la Tierra

chimenea columna de aire en forma de embudo que es ancha por arriba y estrecha por debajo

daño cuando algo se rompe o alguien se lesiona

desastre suceso que causa daños y sufrimiento

escombros pedazos de cosas que han sido destruidas

meteorólogo científico que estudia la atmósfera de la Tierra para predecir las condiciones del tiempo

pronosticar predecir lo que va a ocurrir en el futuro

radar instrumento que emite y recibe señales de ondas de radio que rebotan de un objeto

satélite objeto pequeño que se pone en órbita alrededor de la Tierra

vórtice centro de una columna de aire o agua que gira en forma de remolino